LES MAÎTRES DE LA PHOTOGRAPHIE

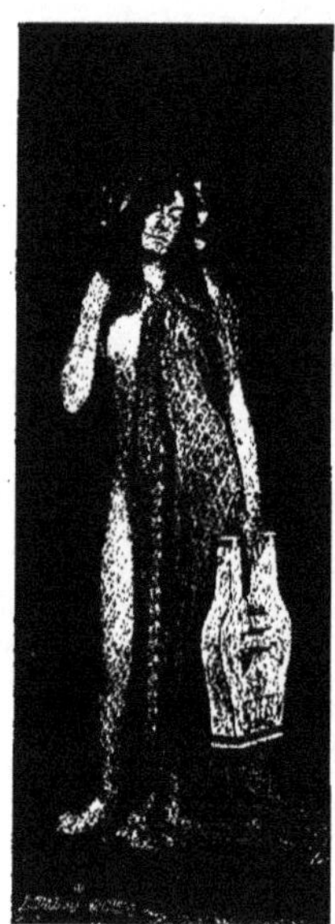

Étude

PUYO

Il a ete tire de cet Ouvrage
2,000 Exemplaires
sur Papier Couche et
15 Exemplaires
sur Papier du Japon

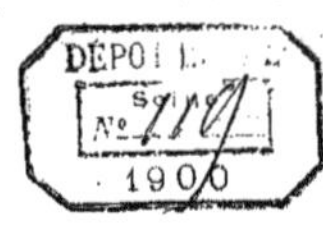
DÉPOT LÉGAL
Seine
N° 110
1900

Les Maitres de la Photographie

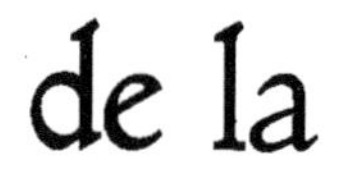
BIBLIOTHÈQUE NATIONALE
R. F.
EST.

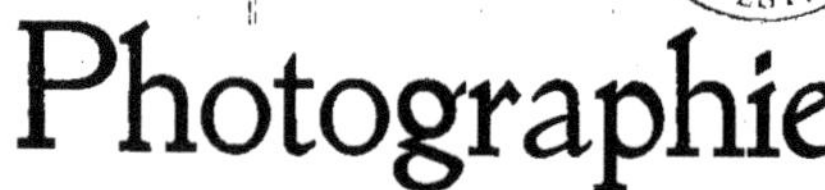

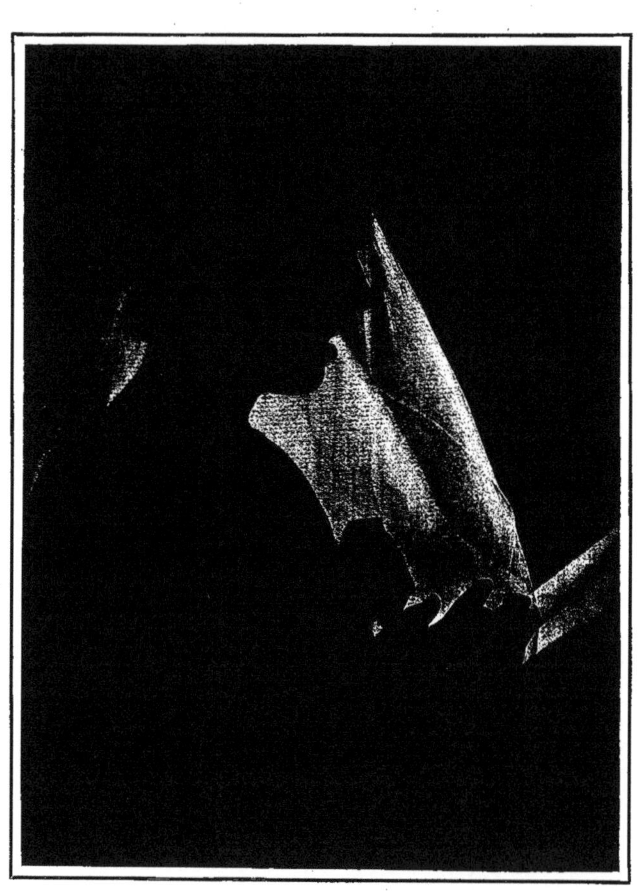

Chant sacré

PUYO

Illustrations de Photographies Originales de MM. Bergon ❧ Bucquet ❧ Demachy ❧ ❧ Le Begue ❧ Lemoine ❧ Puyo

❧ Gravures de MM. Courtellemont ❧ Dubois & Cie ❧

Impressions de Draeger Freres

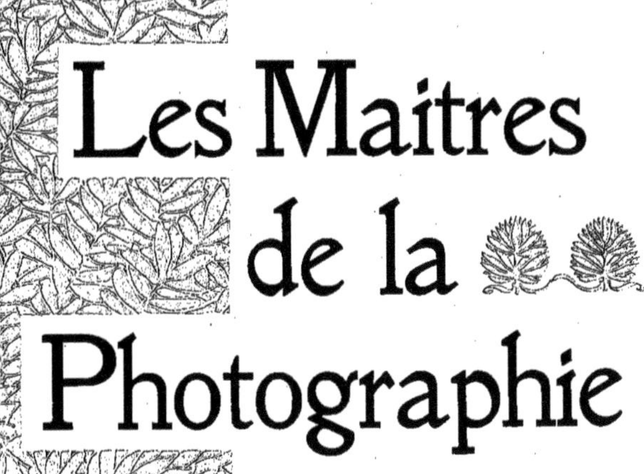

Les Maitres de la Photographie

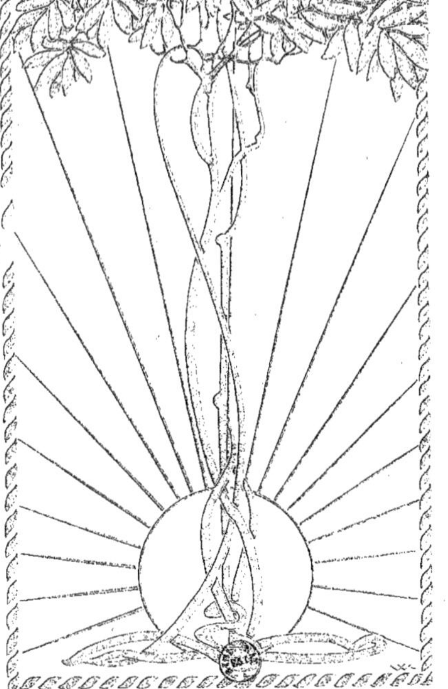

SIMONIS EMPIS
EDITEUR, PARIS

Les Bouleaux

PUYO

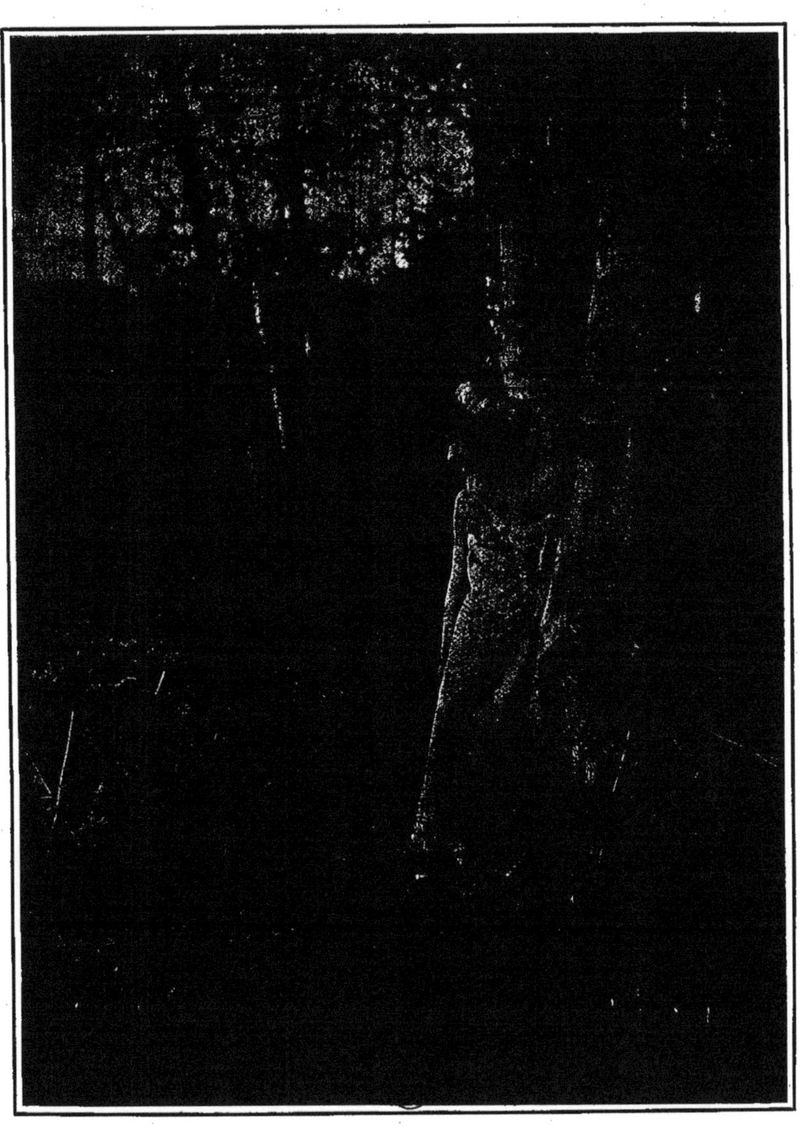

o o o

QUE la photographie soit parvenue à donner enfin une impression d'art, la question ne se pose plus : de véritables artistes l'ont résolue ; nous en donnons la preuve.

Le photographe n'est plus le simple opérateur, le manœuvre inconscient d'une machine, souveraine maîtresse de ses intentions, tel que le considérait dédaigneusement le peintre. Les rôles ont changé aujourd'hui; il intervient personnellement dans l'opération, choisit son sujet, le modifie ou le complète à sa volonté, et il imprime à une épreuve définitive et unique le cachet de sa personnalité. Bien plus, en consciencieux artiste qu'il est devenu, il étudie la nature, en dégage les harmonies, les traduit et les recrée sous l'inspiration d'un sentiment ou l'impulsion d'une sensation : poète ou penseur, selon son tempérament.

Aussi il est grand temps pour la photographie de rejeter l'artificiel et la convention, et de se frayer de nouvelles voies dans le domaine qu'elle a conquis.

Toute l'histoire de l'art se résume en quelques types généraux dont le principal est la femme. Nous la retrouvons partout comme inspiratrice des grands génies artistiques, comme modèle des chefs-d'œuvre. Sa beauté troublante et mysté-

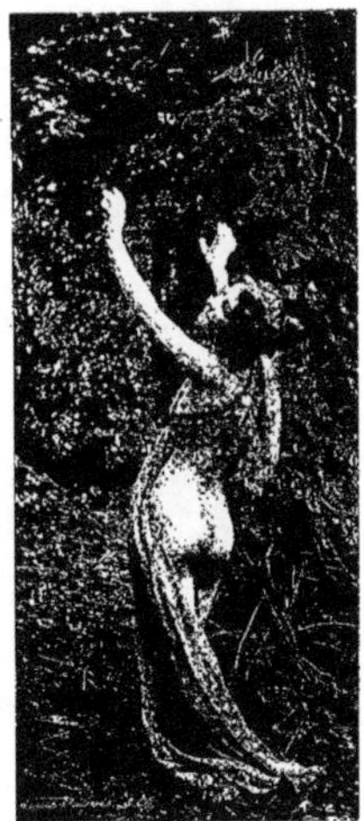

Danseuse o o o o o o
LE BEGUE

rieuse, le charme de ses mouvements, les inflexions gracieuses de ses lignes, sont les thèmes préférés de l'artiste qui veut symboliser la plus haute expression de vie par une forme d'art.

Pourquoi le photographe ne chercherait-il pas en elle les inspirations fécondes? S'il sait manier son sujet avec prudence, il finira peut-être par vaincre ce parti pris du public de ne voir dans une épreuve que l'exactitude d'une ressemblance et la personnalité du modèle. A le suivre dans cette opinion et pour réaliser son désir jusqu'au bout, le photographe devrait alors être tenu de donner le nom et l'adresse de la jolie dame qui a posé un torse si savoureux ou une frimousse si suggestive! Le public est perfectible, nous n'en voulons point douter, et c'est le rôle de l'artiste de vaincre les tendances réalistes de la foule, en lui inculquant le goût désintéressé des belles choses, en créant pour elle des motifs d'émotion pure de tout mauvais alliage. Il importe donc d'étudier les conditions nécessaires à la réalisation d'une œuvre d'art par la photographie de la femme.

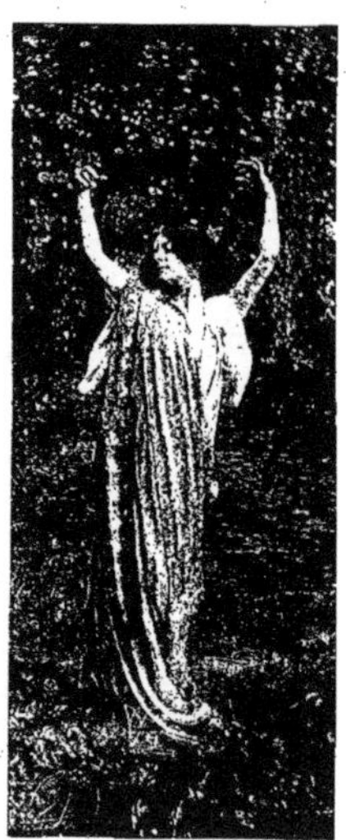

Danseuse
LE BEGUE

Il est plusieurs façons d'interpréter cette représentation : tantôt on ne recherchera que la simple reproduction d'un type de beauté, tantôt la femme deviendra ou le motif principal d'une composition ou son complément naturel.

Donc, la première question se pose : que sera le modèle ? En photographie surtout, le choix de ce modèle est de grande importance ; car ici, il joue un rôle actif, c'est le collaborateur véritable du photographe, auquel il impose plus directement qu'au peintre ses qualités et ses défauts. Aussi, chaque modèle doit-il être minu-

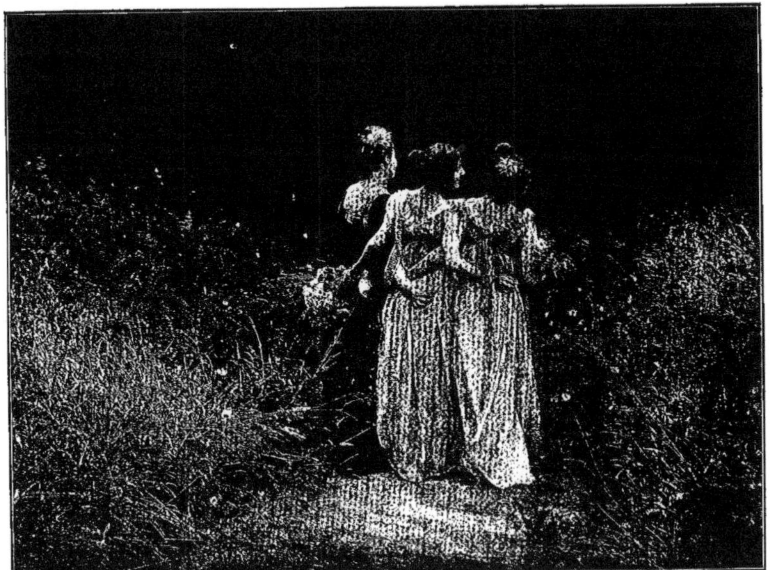

Au Jardin fleuri PUYO

tieusement étudié, et son caractère particulier parfaitement établi. Il faut choisir avec prudence, et ne pas oublier que la femme a souvent la trop grande facilité de donner la jouissance visuelle de ses grâces.

Il faut donc exiger un modèle intelligent, d'une coquetterie prudente et possédant l'entente naturelle ou raisonnée des attitudes.

Le modèle de profession présente plu-

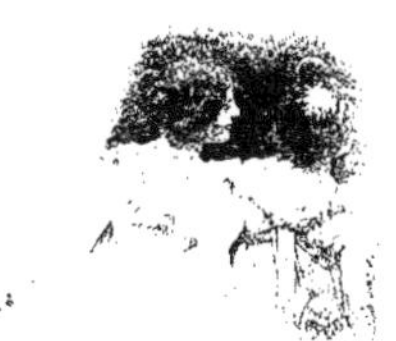

PUYO

sieurs avantages : il a l'habitude des poses esthétiques, il les garde plus longtemps que tout autre, et se prête à de nombreux essais, sans manifester trop haut sa mauvaise humeur contre les tâtonnements de

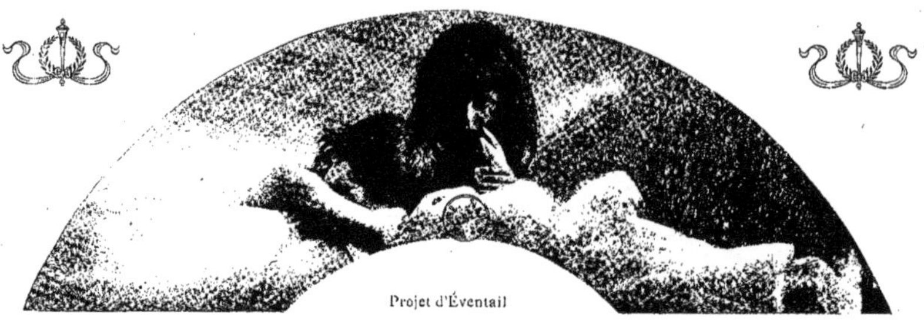
Projet d'Éventail

DEMACHY

l'artiste. Mais il a, en revanche, conservé de ses nombreux passages dans les ateliers, une préférence marquée pour certaines torsions, certains gestes convenus, poncifs, qui vous poursuivent, toujours les mêmes, sur les innombrables aunes de toiles peinturlurées, aux salons de chaque année. De plus, la pose est devenue chez lui une habitude de métier ; aussi, cependant que la professionnelle offre une harmonie de lignes irréprochables, son âme est allée rejoindre quelque rêve plus cher et le corps s'en ressentant, ne donnera alors, ainsi abandonné, qu'une expression toute animale.

Et si le modèle occasionnel, généralement plus intéressé à votre œuvre, échappe à ces critiques, s'il a contre lui la gaucherie

La Toilette

PUYO

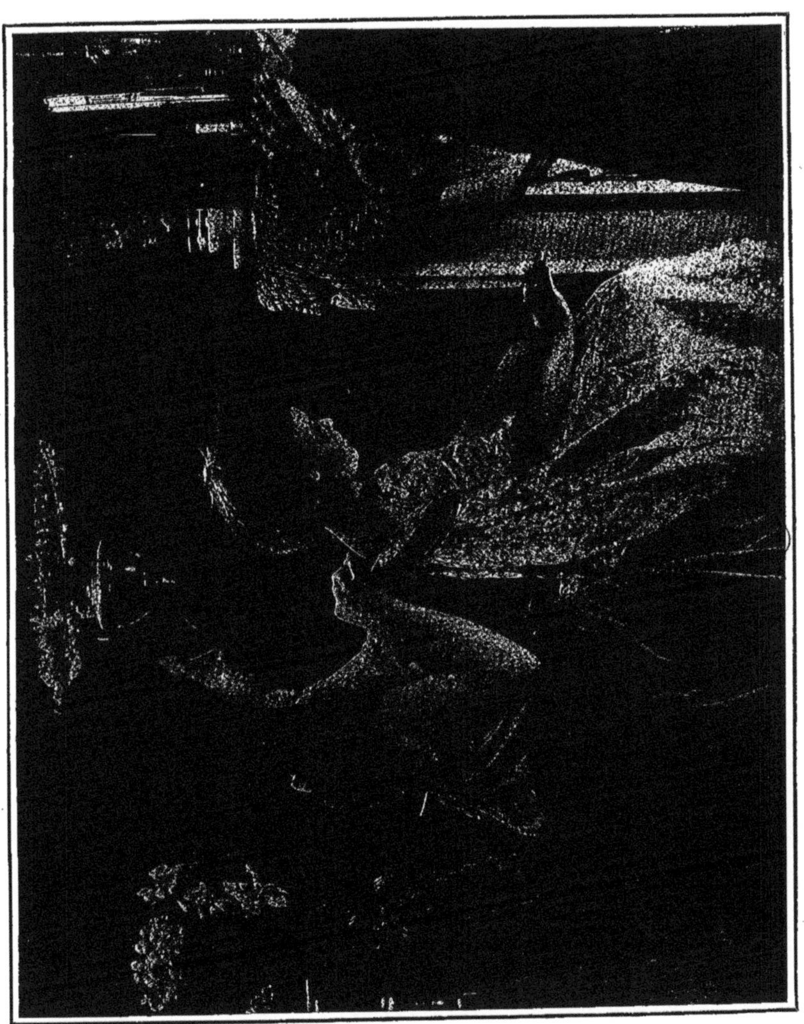

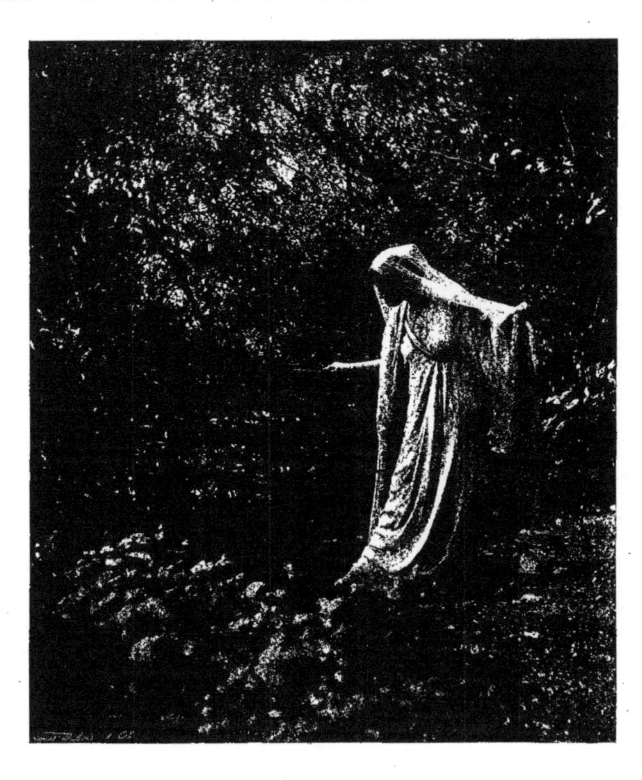

Au bord du Ruisseau LE BÈGUE

de l'inexpérience, et l'ankylose trop facile, il faut néanmoins lui accorder plus d'imprévu et de simplicité dans les attitudes.

D'ailleurs, il ne faut point pour cela désespérer ni de l'un ni de l'autre, et se souvenir que la femme est un artiste inné, le plus souvent ◦

artiste qui
se dupe soi-même aux rôles qu'elle feint ◦

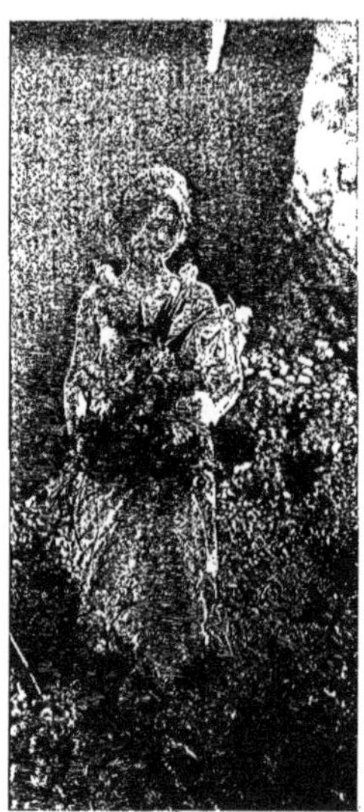

Derniers Rayons

PUYO

Pour le portrait qui, selon le critique, *est un modèle compliqué d'un artiste,* il est nécessaire que la tête soit excellemment pourvue de signification : car si réguliers que soient les traits, leur beauté photographique ne dépendra que du caractère de la physionomie. Sinon « belle tête, mais de cervelle point » comparable à ces « *sydonies* » qu'on voit tourner aux devantures des coiffeurs.

Le portrait ne sera donc que la mise en valeur d'une expression, l'aveu d'un sentiment profond, la surprise de l'être dans sa vie intime.

Et que le visage ait l'ovale allongé aristocratiquement, tel que nous le retrouvons dans les Primitifs, où la maigreur agrandit les yeux et donne à la bouche une expression perverse ; ou qu'au contraire, d'une courbe plus classique, il se rapproche davantage du type des femmes de Rubens, avec le regard furtif, filtré sous les paupières mi-closes et aux lèvres sensuelles, la bonté d'un consentement, l'énigme doit dire son secret, le mystère de son âme. Et cela seul nous importe. Autrement compris, le portrait n'est plus que la copie plus ou moins ressemblante,

Tête d'Étude

PUYO

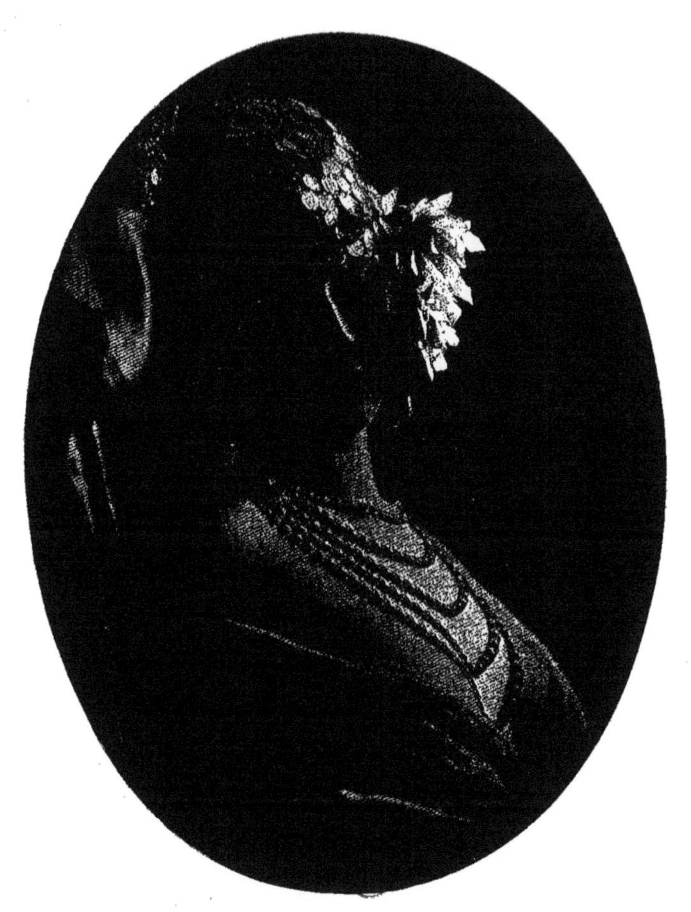

— qu'en savons-nous? — d'une dame quelconque, parente ou amie du photographe. Peu nous en chaut!

Mais il y a ici, pour le photographe,

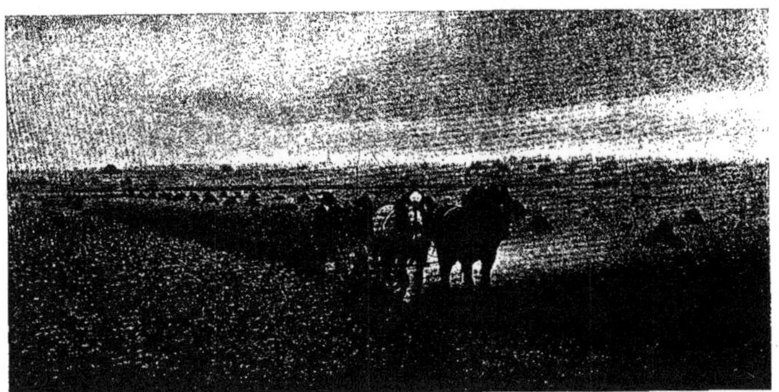

Labour d'Octobre

BUCQUET

l'écueil du sourire forcé dans un masque où la fixité indifférente de l'œil contredit la joie des lèvres. Il y tombe souvent. Il ne nous appartient pas de lui enseigner les moyens de mettre en évidence les sentiments les plus complexes. Qu'il aille étudier les maîtres au Louvre, qu'il apprenne dans leurs œuvres maîtresses à déchiffrer une physionomie, à rendre ces yeux chargés de passion, de rêve ou de mélancolie, ces bouches où dans le demi-sourire saigne une ancienne tristesse : et peut-être alors corrigera-t-il plus facilement le rire dental qui semble crisser dans quelques-unes de ses épreuves.

Quant à l'étude du nu que certains réservent aux seuls peintres et sculpteurs, nous ne croyons pas, quoique présentant

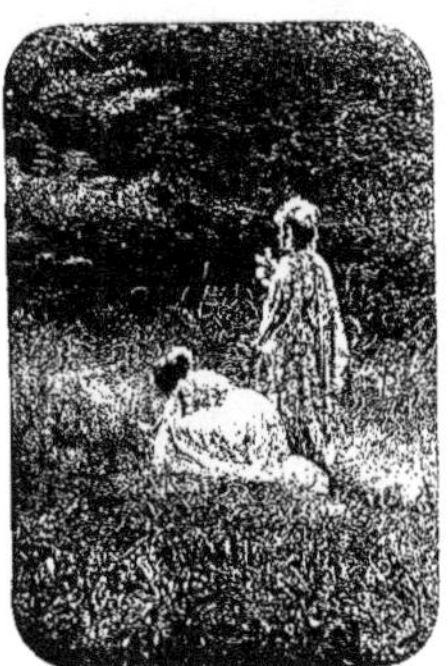

Au Soleil

PUYO

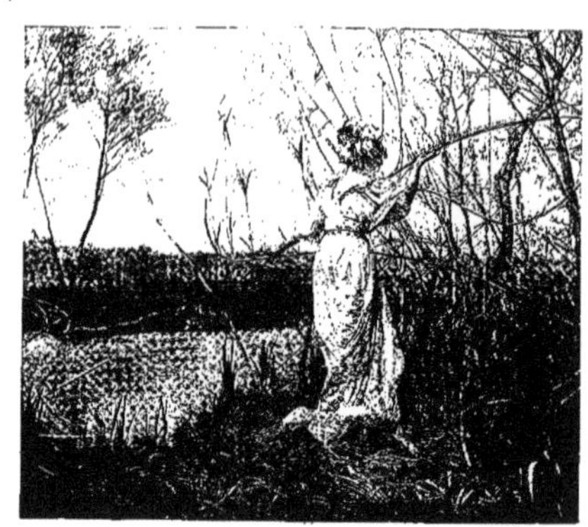

BERGON

de nombreuses et sérieuses difficultés, qu'elle soit inaccessible aux artistes de la photographie.

La hardiesse du sujet exige en effet de grandes qualités de tact et de mesure qui se décèlent dans le choix prudent des attitudes. On doit idéaliser le nu, pour éviter l'impression de matérialité que provoqueront tous les détails d'un corps offert sans retenue ; détails que la plaque sensible reproduira avec toute l'indiscrétion dont elle est capable, dans la trop fidèle et servile exactitude de son reportage.

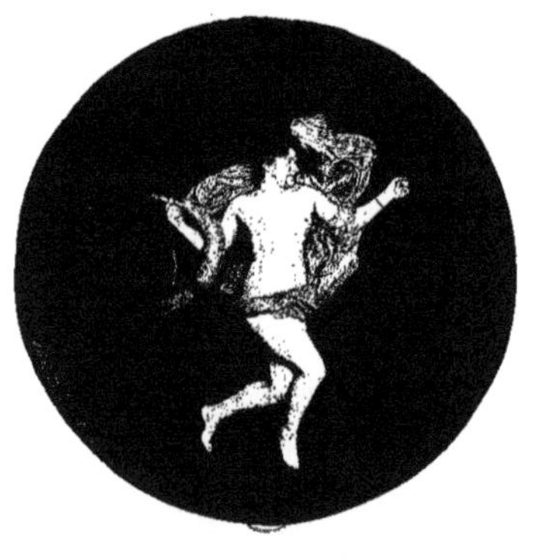

○ ○ ○ ○ ○ ○ ○ LEMOINE

Le modèle svelte, élancé, gracile et jeune, conviendra toujours mieux que les natures plantureuses. L'embonpoint donne plus facilement la sensation d'une caresse charnelle, tandis qu'au contraire l'ondoiement du corps effilé, droit, aux lignes laconiques de l'école florentine et des Dianes de la Renaissance, détourne l'imagination de toute idée sensuelle. Tant il

Reflets

PUYO

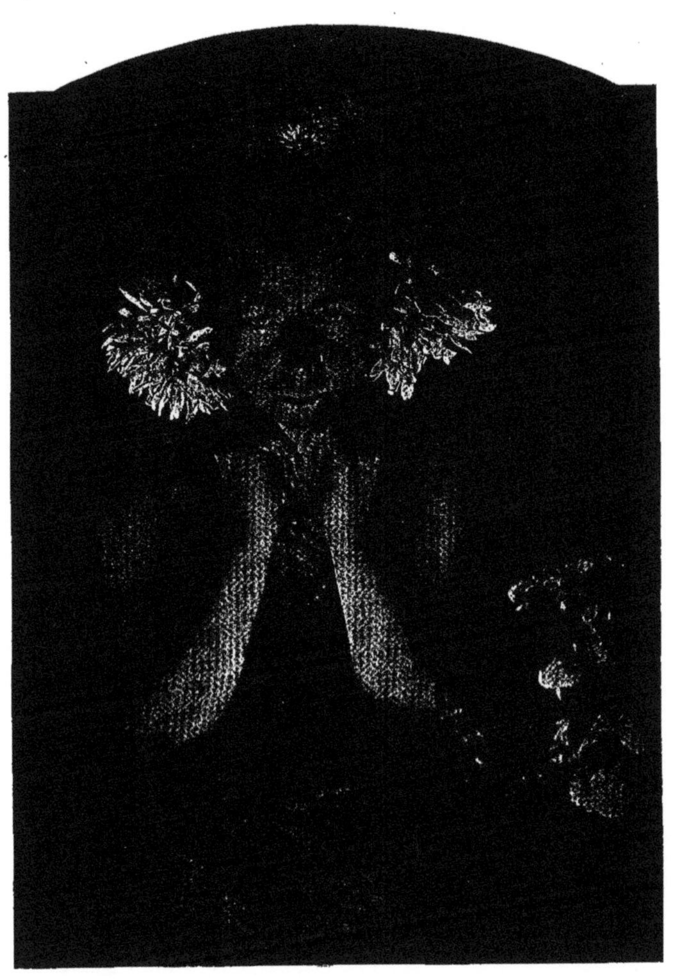

semble parfois difficile d'attribuer un sexe à ces corps d'éphèbe.

Aussi bien il importe de prévenir le photographe contre la dépravation de certaines poses lascives, de certaines postures

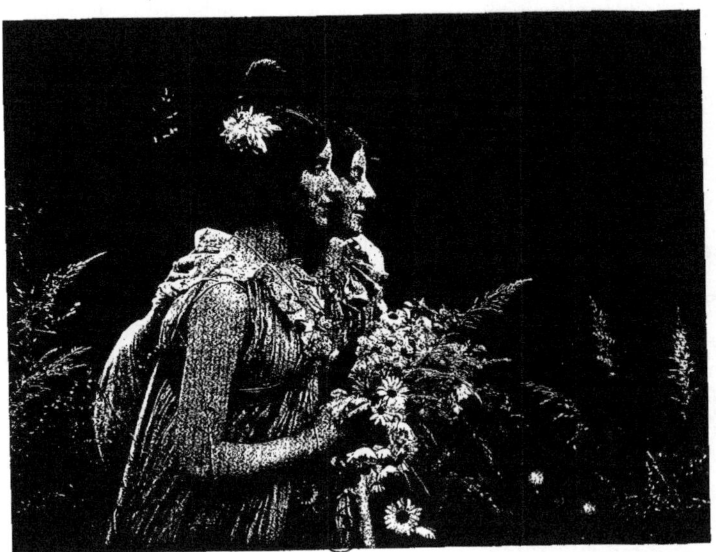

o o o o o o o o o Juin PUYO

équivoques qui, dans l'alcôve feraient peut-être frissonner l'amant mais, reproduites sur l'épreuve, prêteraient plutôt aux commentaires sévères de la critique et indisposeraient ce public qui cherche dans leur personnage dévêtu autre chose qu'une excitation malsaine.

Nous préférerons donc le nu en plein air au nu dans l'atelier : il s'identifie mieux dans le cadre d'un paysage que sur le divan d'un atelier ; la majesté des grands arbres, la solennité de la nature l'ennoblissent. Les ombres chaudes vivantes de certaines heures de la journée modèlent la beauté des formes, en les enveloppant comme d'une étreinte douce, fluide, de telle façon que la femme semble naître du fonds et animer les alentours de la plus forte palpitation de vie qu'il soit possible d'infuser à l'inertie des choses.

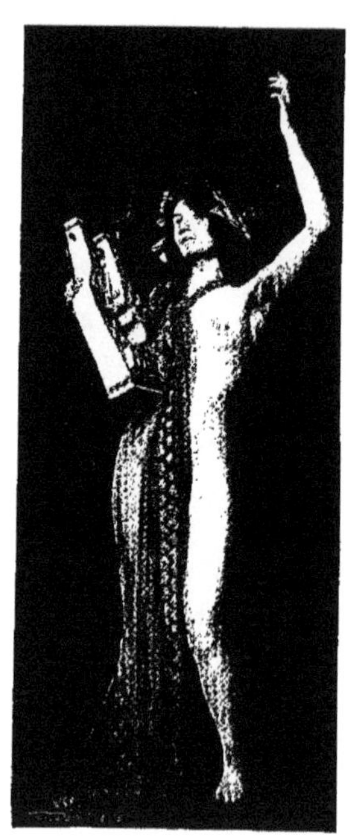

Étude

LE BEGUE

Outre le danger scabreux du sujet, le photographe a encore, en abordant le nu, à lutter contre certaines lois esthétiques et contre certaines habitudes visuelles du public.

L'on sait, de reste, que les peintres et les sculpteurs modifient dans leurs œuvres, les parties du corps humain : « de façon, dit Taine, à rendre sensible le caractère capital de l'objet et l'idée principale qu'ils s'en font. » Ils corrigent, atténuent la nature et ont imposé à notre œil qui l'a accepté comme seul vrai en art, un type idéal aux dimensions duquel nous plions rigoureusement, arbitrairement la réalité.

Le photographe se voit donc obligé de suivre ces règles ; malheureusement pour lui il ne dispose pas des ressources du peintre ; bien plus, sa machine vient encore accroître le nombre des difficultés à surmonter, par son insouciance de toute perspective. Elle souligne maladroitement un détail insignifiant au préjudice de l'effet qu'il importe de mettre en valeur, et si le sujet est présenté de face, nous aurons une ligne de continuité qui bouleversera les

Portrait en plein air

DEMACHY

plans et détruira le rapport réel de chaque partie du corps.

Aussi importe-t-il, pour parer à ces

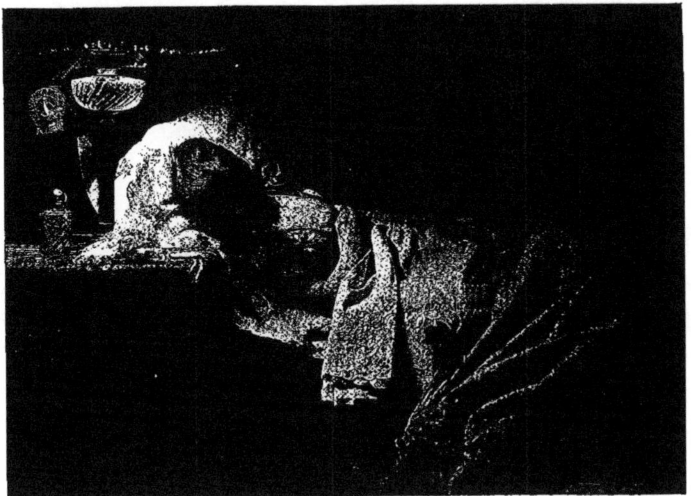

Sommeil — PUYO

inconvénients, de composer attentivement son sujet, avant toute exécution. Il faut faire évoluer le modèle et ne retenir des différentes situations qu'il occupera que celle-là seule qu'on jugera, par expérience, susceptible de se reproduire sans fâcheuses disproportions : comme les angles trop géométriquement formés par les articulations, la contraction des muscles donnant des ombres exagérées qui perdent toute la souplesse d'un corps féminin et brisent le rythme des lignes.

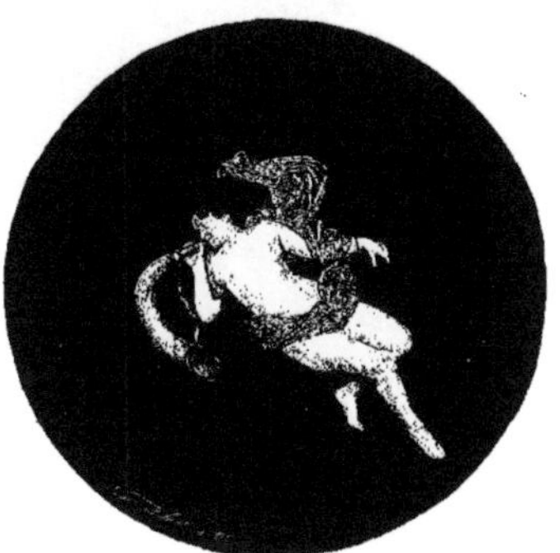

LEMOINE

Les draperies concourront alors à l'équilibre de force et de grâce que l'on

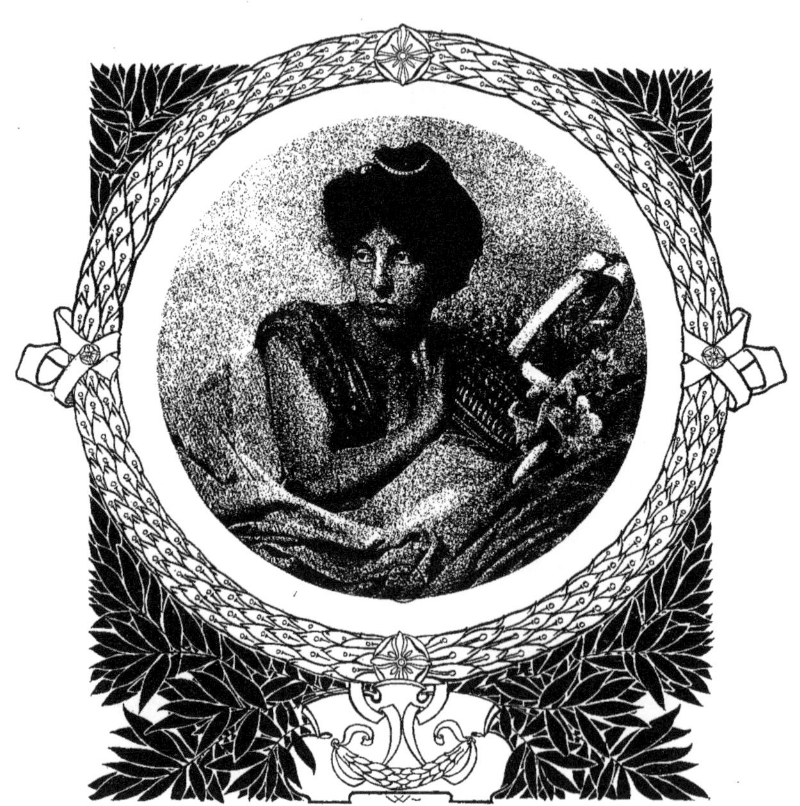

Dessus de porte DEMACHY

L'Impérieuse

BERGON

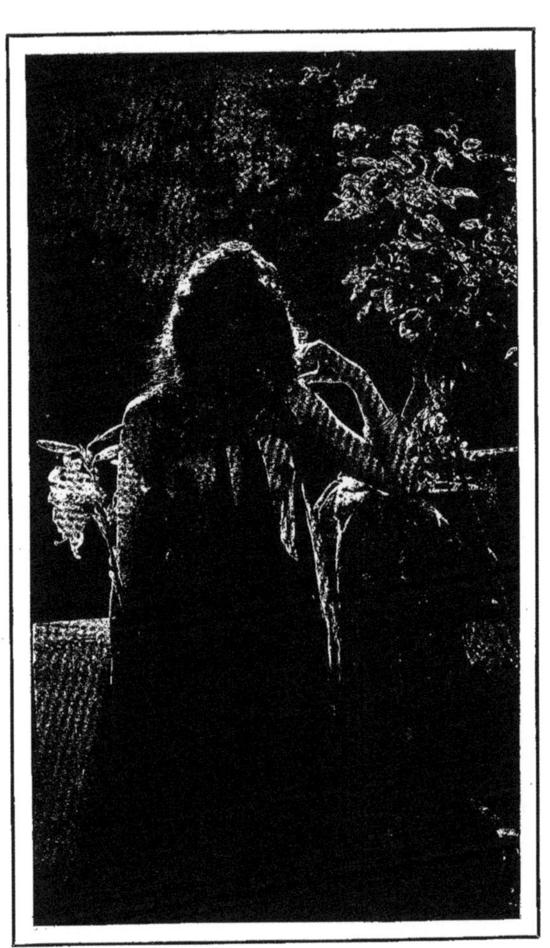

désire obtenir. Elles auront pour objet de faire valoir l'harmonie du corps humain, soit en accentuant les rythmes les plus caractéristiques, soit en voilant discrètement les autres.

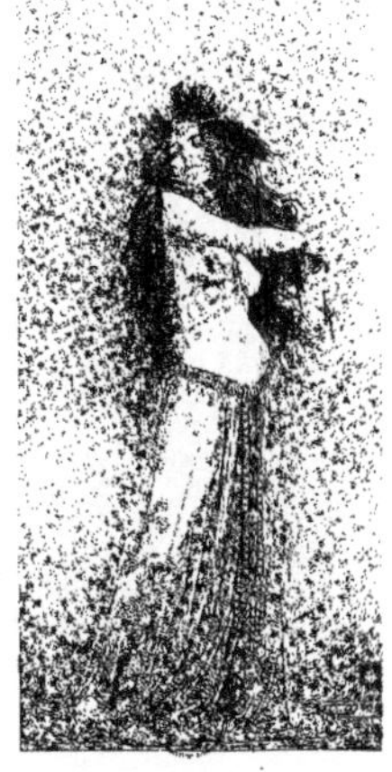
BERGON

Leurs couleurs joueront un rôle important : l'artiste consciencieux devra les expérimenter, en chercher les effets, les rapports. Des surprises désagréables lui seraient sans cela ménagées; il devra, avant de les utiliser, apprendre à les voir comme les verra son objectif qui ramène impitoyablement aux gris ou aux noirs les tons les plus chatoyants.

Si le corps est petit, on accroîtra ses dimensions par des vêtements flottants en plis nombreux, à l'antique, ou par des couleurs éclatantes. Le modèle drapé de blanc se détachant sur un fond foncé paraîtra toujours plus grand qu'il ne l'est naturellement. Des étoffes souples, ajustées et de couleurs unies et sombres siéent, au contraire, aux hautes statures. Les plis, les rayures ou les ornementations dans le sens horizontal masqueront la maigreur; inversement, une étoffe imagée d'orne-

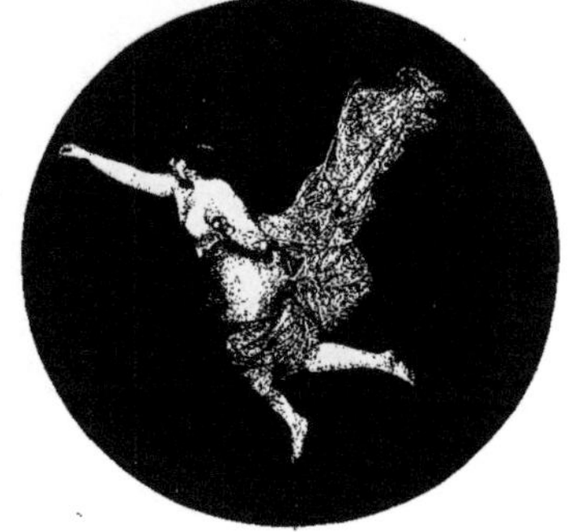
LEMOINE

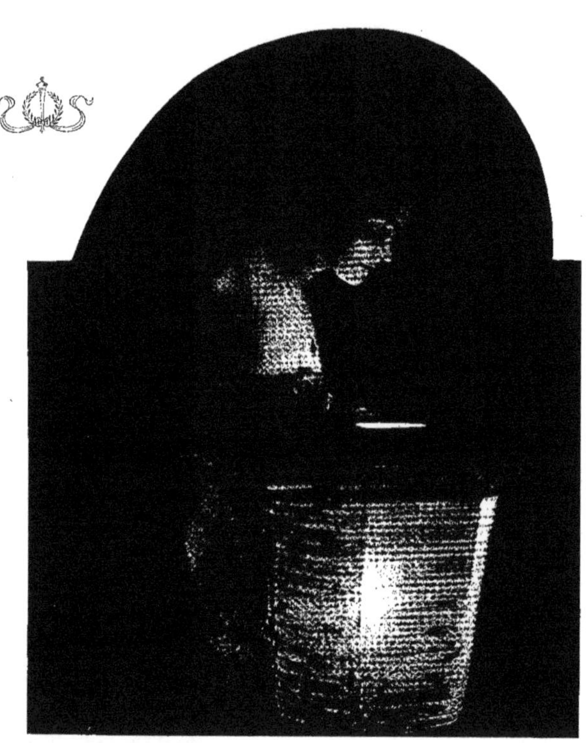

Le Lampion

LE BEGUE

Recueillement

BERGON

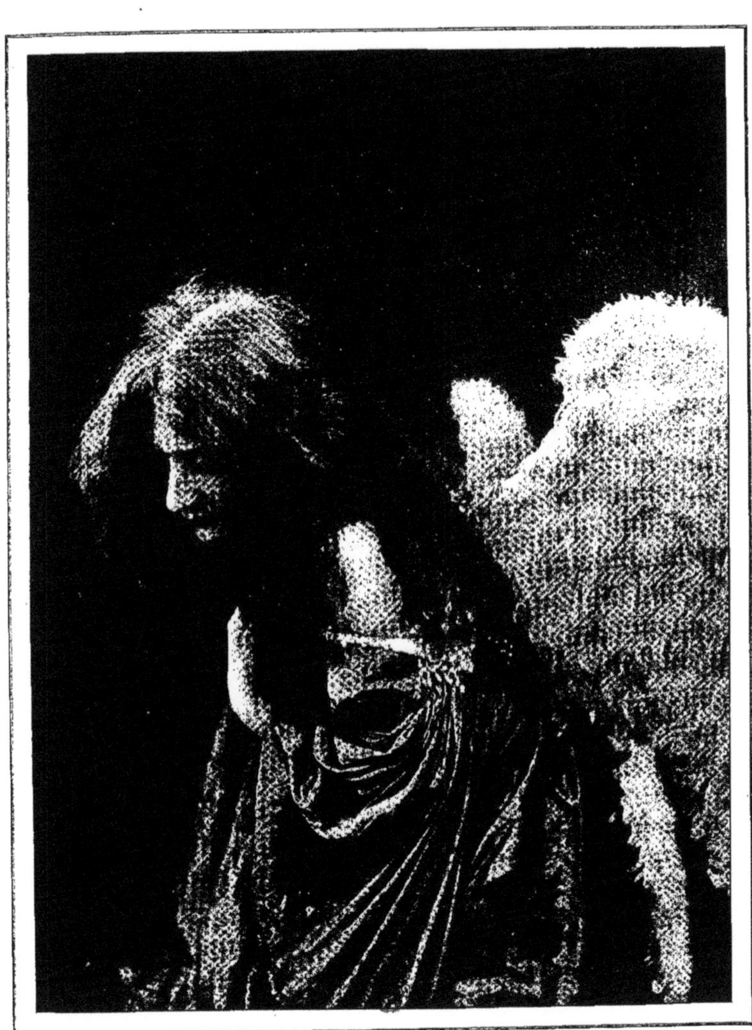

ments verticaux amincira un modèle un peu empâté.

Telle femme accusera un port imposant par l'ampleur des étoffes, et telle

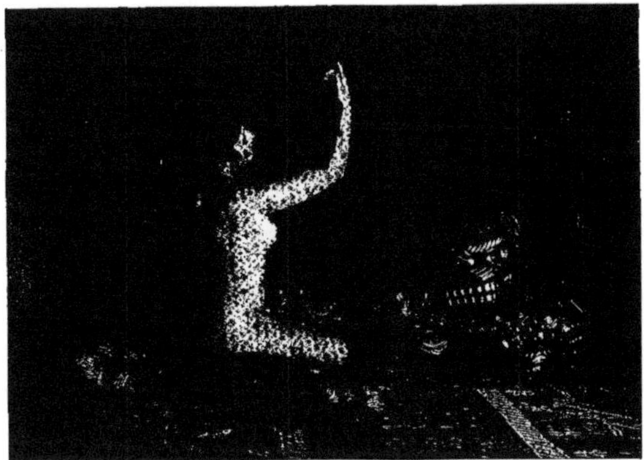

Séduction LE BEGUE

autre, plus élancée, plus fine, dessinera d'un seul jet ses formes dans la coulée d'une draperie collante qui amincira la taille, arrondira les épaules et effilera les bras.

On trouvera dans la qualité matérielle particulière de chaque étoffe un moyen de renforcer l'impression qu'on cherche à communiquer. La légèreté des mousselines, précieuses auxiliaires, retiendra du nu le mouvement qu'il imprime, dissimulera la crudité de la pose et laissera deviner la forme. Les ornements appliqués sur leurs trames légères et transparentes prendront une importance et un relief d'une grande richesse de tons.

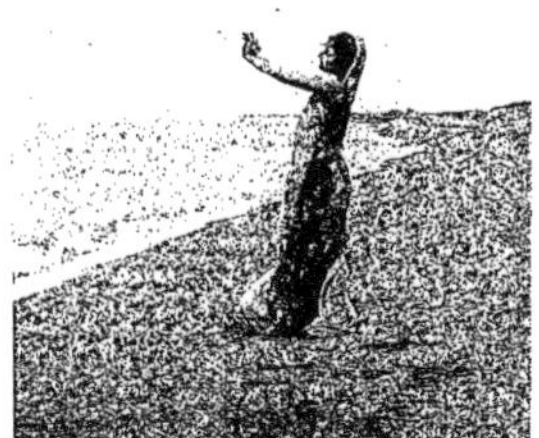

BERGON

L'évaporé des gazes envelopperа la sveltesse de la silhouette comme d'une atmosphère de lumière, d'écume et de frissons. Les satins aux mille reflets donneront la matité aux chairs par leurs accrocs de lumière, tandis que la lourdeur somptueuse des brocarts augmentera la majesté de la pose et l'ampleur du sujet. Les velours feront valoir le satiné de la peau et sa blancheur.

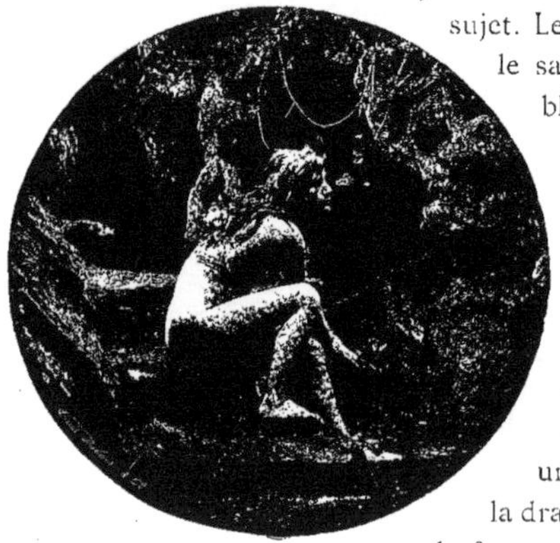

Les soies Liberty, avec toute la gamme de leurs nuances amorties, fanées, et les mille variétés de leur flore enjoliveront encore la souplesse des lignes. En un mot, tout l'art de la draperie est de compléter la femme et sur ce point elle en sait plus que les artistes.

LE BEGUE Baigneuse

Le costume moderne est l'écueil ; ses arrangements secs et anguleux, son convenu exagéré, ramènent toutes les tentatives au portrait. Nous disposons d'une série de formes drapées, partant des simples tuniques - costumes 1830 -- en ne négligeant pas l'Empire, dans lequel il est facile de puiser, suivant les modèles, harmonisant les coiffures.

L'important est de ne jamais contredire les formes. Toutes façons de draper font saillir certains points du corps féminin et dissimulent d'autres lignes qui gagnent

Étude

BRÉMARD

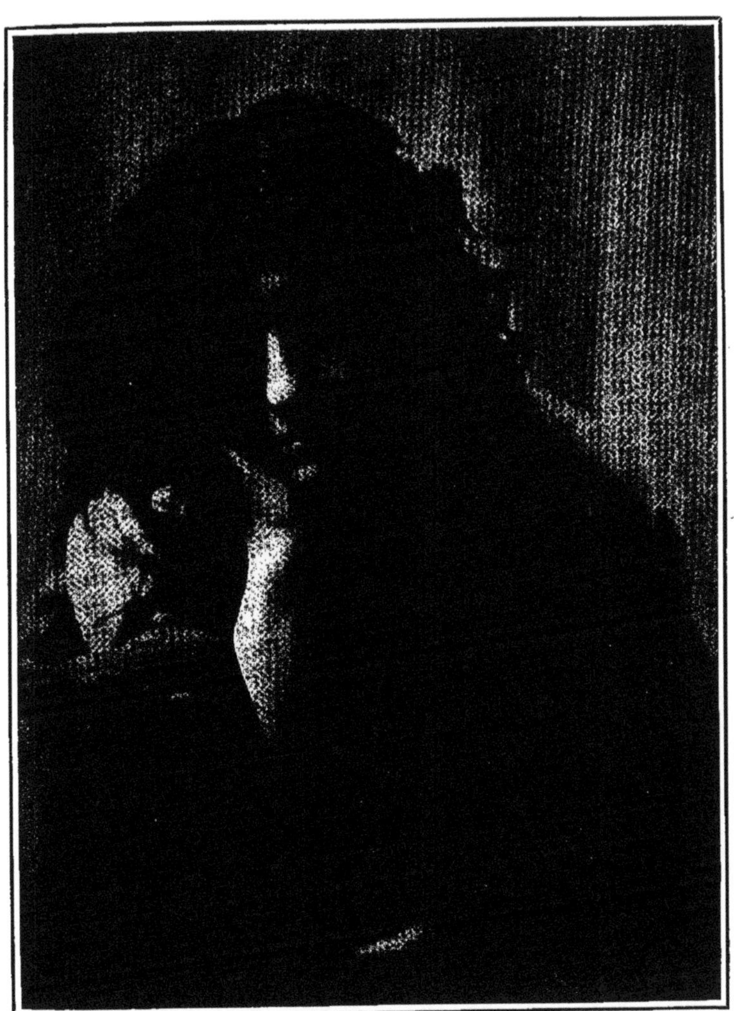

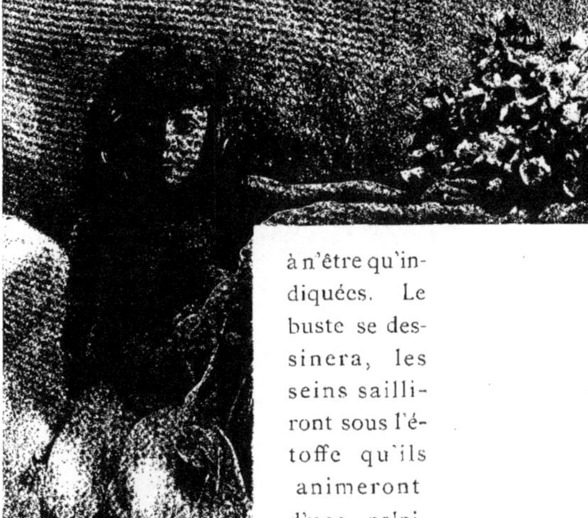

Coin de page
DEMACHY

à n'être qu'indiquées. Le buste se dessinera, les seins sailliront sous l'étoffe qu'ils animeront d'une palpitation troublante. La taille et les hanches onduleront librement, selon les sinuosités lentes de leurs courbes naturelles, tandis que les jambes se dissimuleront dans la chute évasée de la jupe ou de la draperie, les cuisses ébauchant seulement une ligne de continuité.

Mais il ne faut pas costumer la femme, la déguiser, en quelque sorte, de prétentions moyen-âge et du tapage des falbalas historiques qui jurent dans la photographie d'une contemporaine, comme ces anachronismes qui émaillent les feuilletons de la mauvaise saison romantique. La femme doit rester dans le caractère de son époque.

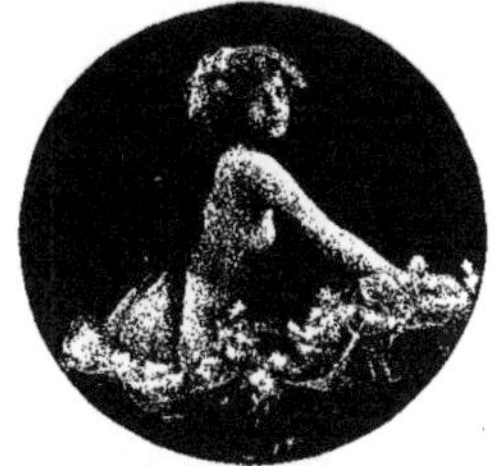

BERGON

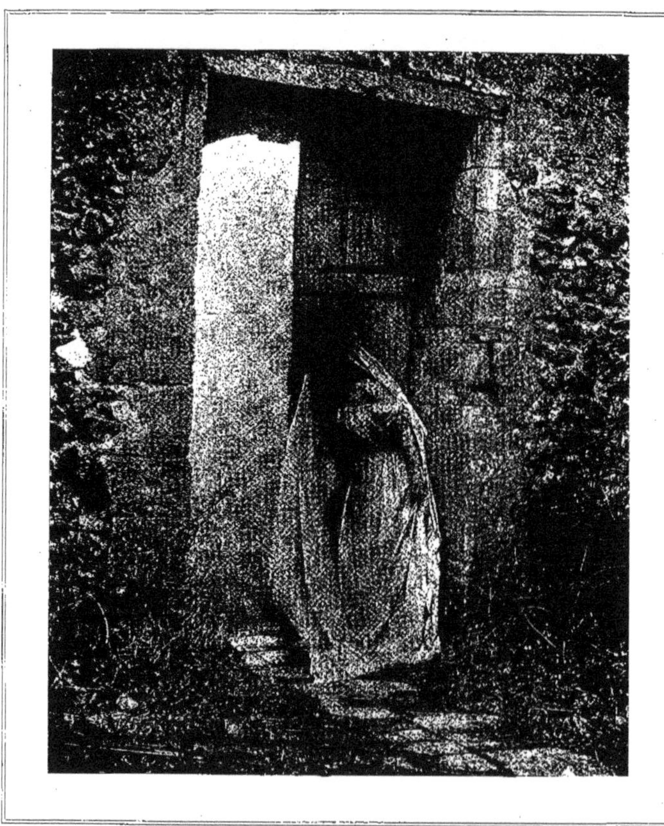

BERGON

Chaque siècle a le costume qui lui convient, qui répond logiquement à ses mœurs, à ses habitudes et à ses goûts. Laissons donc les vieux habits et les vieux galons aux peintres d'histoire.

Le photographe ne peut que s'inspirer des modes anciennes, pas plus, et encore ce ne sera que pour s'intéresser au mou-

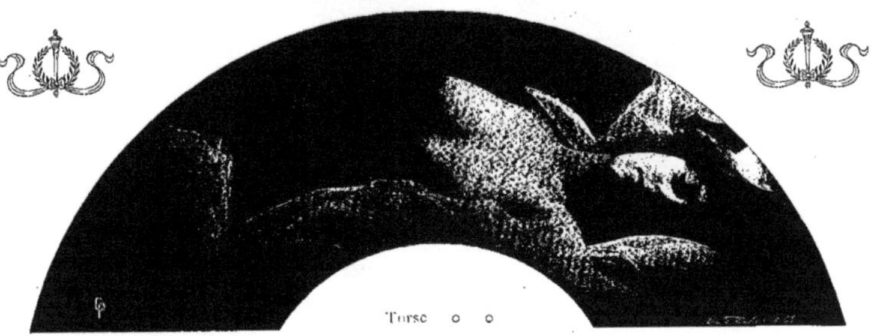

Torse

PUYO

vement, à l'intention, je n'ose dire à la psychologie de telle ou telle coupe, s'efforçant non seulement d'adapter le vêtement à la plastique de celle qui le porte, mais encore à son caractère intellectuel et moral. Car rien n'appartient plus à une femme que son costume : il est la signature d'un caractère.

A la nervosité, à l'agilité correspondent le chiffonné des draperies et les couleurs vives et changeantes, tandis qu'un vêtement simple et sombre est le complément naturel d'une physionomie qui reflète la gravité de l'esprit.

Le décor reste à établir : il ne servira qu'à accompagner la figure, à la faire valoir, à la compléter.

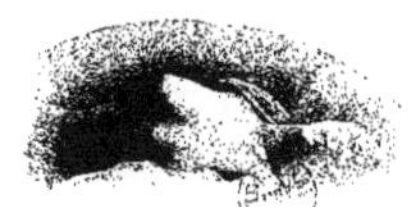

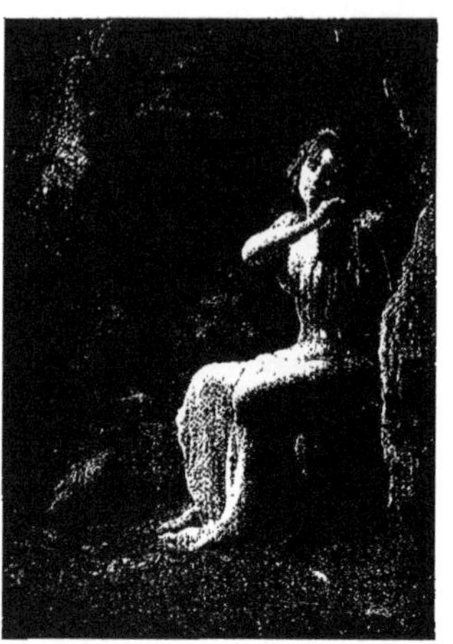

Dans la Grotte

LE BEGUE

Si nous admettons que ce soit un intérieur, il devra rester sobre, sans abondance encombrante de meubles de toutes sortes qui distraient l'attention et éparpillent l'intérêt : dans l'enchevêtrement de leurs lignes, ils risquent de bousculer le modèle et gêner la mise au point. Le mieux est de réduire l'ameublement au strict nécessaire, car quel besoin a-t-on de préciser davantage quand il importe de tout sacrifier au motif principal : la femme ? Quelques coussins jetés çà et là, un siège aux courbes classiques et élégantes suffisent le plus souvent.

Les fonds demeurant subordonnés au personnage, seront flous, estompés, noyés dans une demi-obscurité. Aussi peut-on faire ici un emploi intelligent des paysages de nos vieilles tapisseries : leur perspective aérienne, la finesse de leurs tons passés, et la dégradation des plans donneront à la figure le lointain et la profondeur qui lui conviennent.

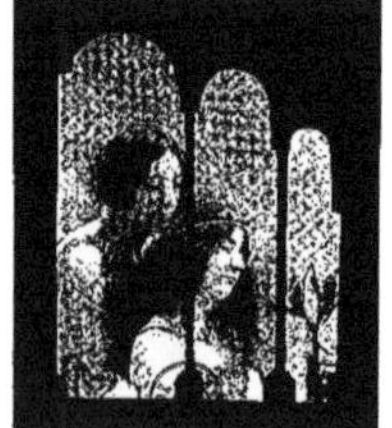

BERGON

Si la combinaison habile d'accessoires augmente l'impression, cela n'est surtout vrai que lorsqu'ils sont dans un rapport *d'action* nécessaire avec le personnage. Ils caractérisent le mouvement. Par exem-

La Souris

LE BÈGUE

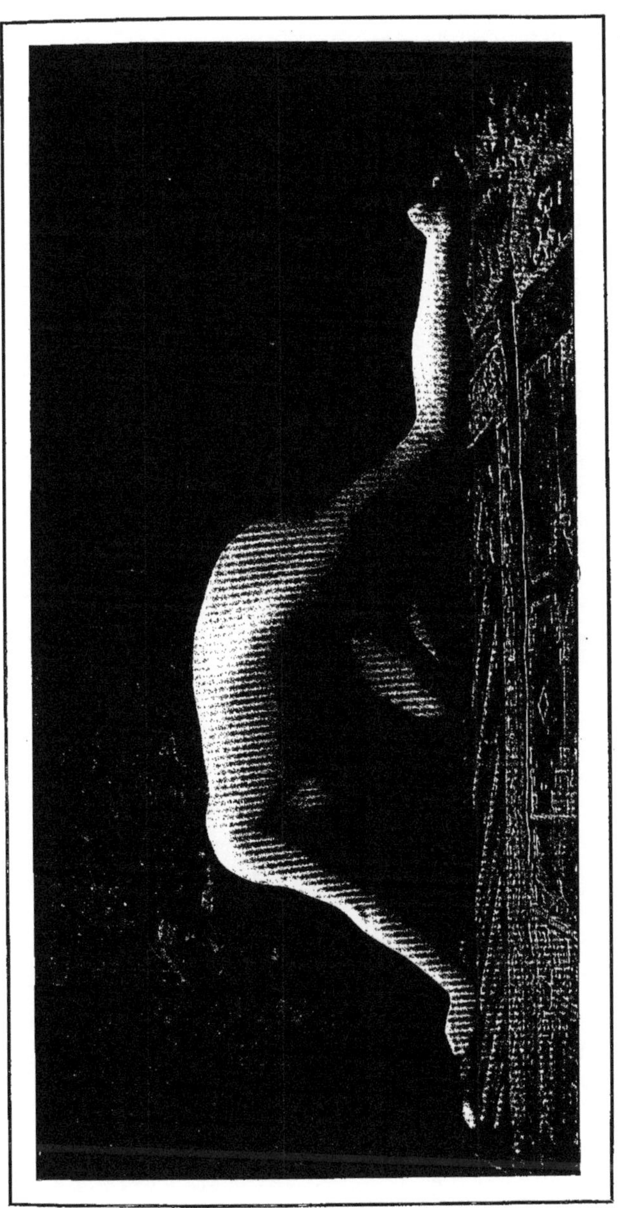

ple, l'on se servira d'un vase pour accrocher un geste, ou prolonger son rythme, ou d'un bibelot quelconque pour obtenir un maintien ou éviter la gaucherie des doigts inoccupés.

La photographie d'art n'a pas toujours

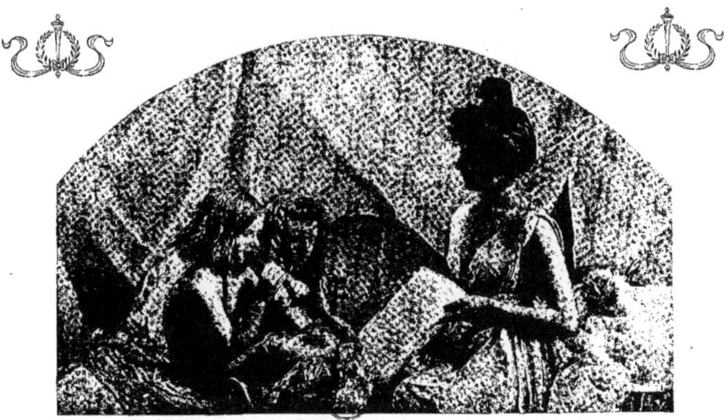

La Leçon DEMACHY

besoin d'être un sujet, de représenter une scène : moins elle aura cette prétention, plus elle sera propre à nous inspirer, et nous croyons qu'il serait préférable qu'un artiste présente tout simplement un motif d'émotion esthétique, sans qu'il lui soit indispensable par là-dessus d'y mettre un titre, de le faire suivre d'une explication. D'autant plus que, quatre-vingt dix-neuf fois sur cent, le commentaire est en flagrante contradiction avec le texte. Son modèle, acteur souvent malhabile, rendra-t-il, comme l'artiste le sent, l'accent véritable du rôle qu'il est chargé de remplir? Ne l'interprètera-t-il pas plutôt, selon son propre tempérament, et la pente habituelle

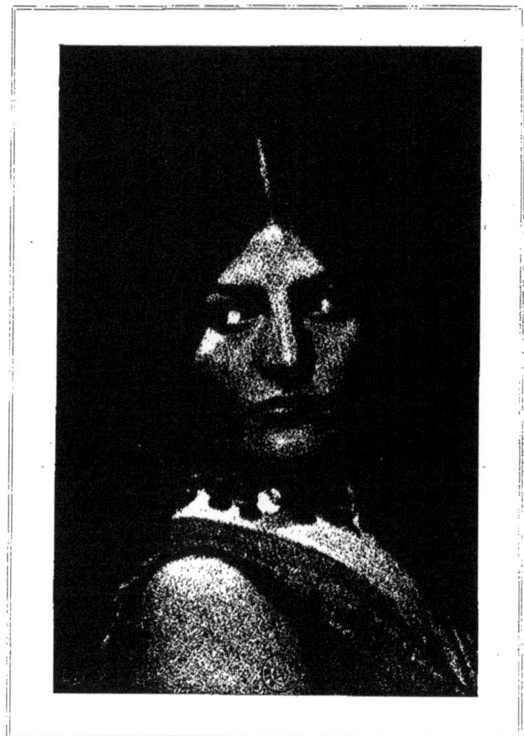

Portrait LE BEGUE

Figure Tombale

PUYO

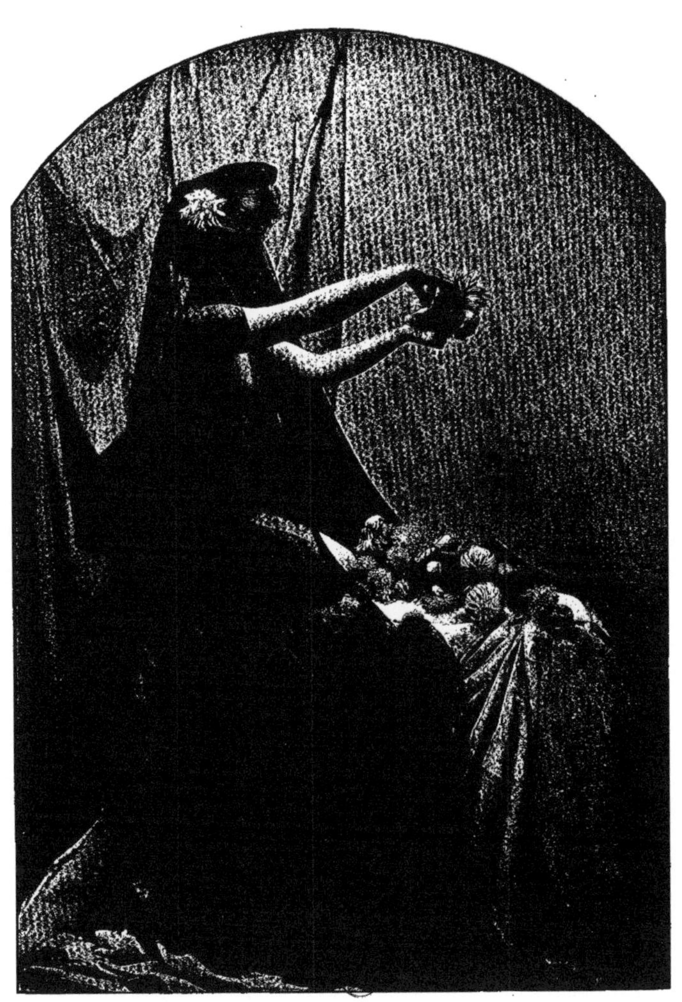

de ses pensées ? De toutes façons, l'expression court grand risque de sentir une leçon apprise et d'enlever encore du naturel à l'attitude.. Laissons chaque spectateur traduire l'œuvre à sa guise, au gré de ce que suggère à son imagination la poésie des lignes et la justesse d'un geste, abandonnons les poses de Keepsake, les sujets tirés de l'histoire sainte ou de l'histoire ancienne, les mythologies saugrenues aux peintres officiels des Académies et autres usiniers hors concours.

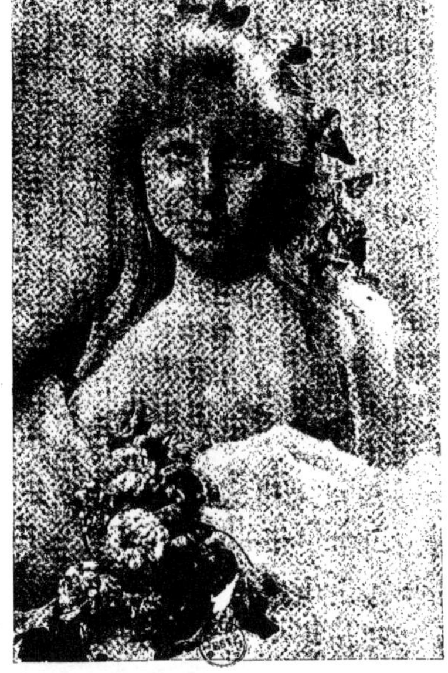

Blonde DEMACHY

D'ailleurs il est difficile, sinon impossible, au photographe de supprimer complètement l'actualité de son modèle ; et s'il suit quand même les traditions prêchées aux Écoles des poncifs, il n'arrivera, malgré tout, qu'à fabriquer de l'historique d'occasion et des nymphes d'opéra-comique, dont les reproductions encombrent déjà nos meilleures revues.

Nous lui demandons moins d'efforts inutiles, et plus de sincérité. Une plastique impeccable, un mouvement largement rythmé, l'harmonie des contours, l'équilibre de l'attitude du geste et des sentiments que ce geste traduit, deviendront pour nous un inépuisable thème d'expressions qu'aucune scène de genre, si dramatique puisse-t-elle être, ne surpassera en beauté. Les yeux n'ont d'autre désir que de contempler les belles formes, et qu'importe le sous-titre d'une épreuve, si elle enferme une parcelle de vie.

Les photographes n'ont pas lieu de s'inquiéter des critiques, ils peuvent prouver qu'ils sont, eux aussi, susceptibles de nous révéler le sens de la vie et nous en faire sentir sa profonde et sérieuse beauté.

Et leur ardeur toujours renouvelée de parfaire leurs œuvres, le sentiment qu'ils ont de l'art, portent les photographes au rang de ceux qui, par l'élévation de leur idéal, sont devenus les prêtres d'une religion nouvelle : *La Beauté.*

Ph. DE SÉRAN.

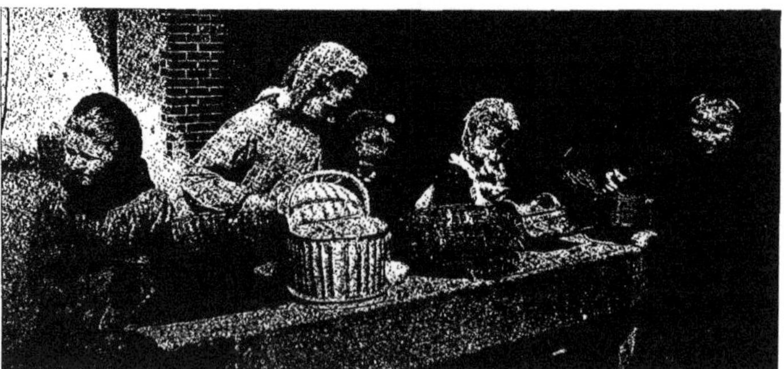

Le Déjeuner à l'École — BUCQUET

* * *

DEMACHY

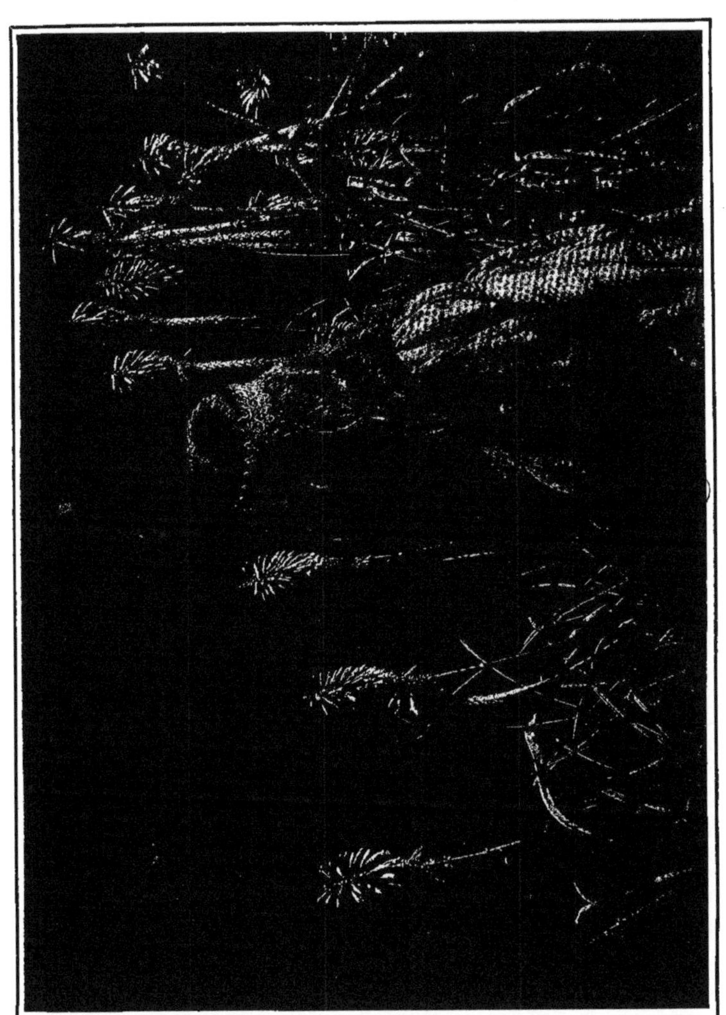

TABLE DES GRAVURES

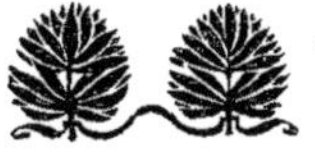

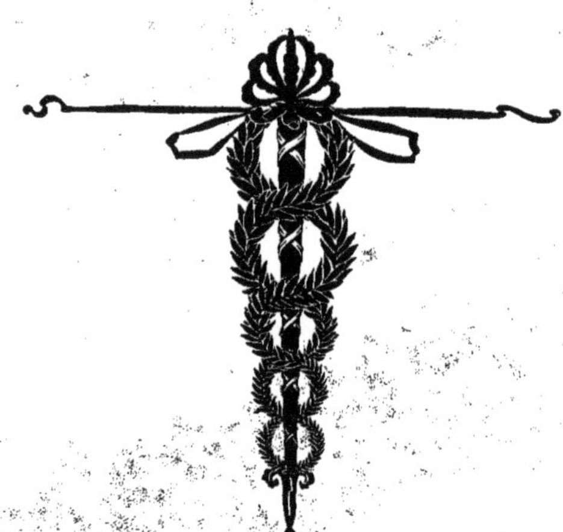

IMPRIMÉ
PAR
DRAEGER
PARIS

www.ingramcontent.com/pod-product-compliance
Ingram Content Group UK Ltd.
Pitfield, Milton Keynes, MK11 3LW, UK
UKHW020206200726
13856UKWH00003B/1230

9 782013 072816